SUEÑOS

SUEÑOS

INTERPRETACIONES,
SIGNIFICADOS OCULTOS,
SIMBOLOGÍA

ELFOS

ALISON DAVIES

Contenido

Introducción

Cuando soñamos que soñamos estamos a punto de despertar.
NOVALIS

A primera vista, el universo de los sueños puede parecer complejo, ya que presenta paisajes llenos de estrellas y mundos alternativos. Es un lugar de autodescubrimiento; un reino mágico en el que cada uno es autor de su propio destino. Todo lo que se ve y se experimenta es una creación propia y, aunque podría tratarse de un territorio inexplorado, se construye sobre pensamientos, sentimientos y creencias personales, por lo que, en última instancia, no hay nada que temer. Para acceder a nuestro interior, solo hay que abandonarse al sueño: en este estado de somnolencia el subconsciente toma las riendas. Cuando estamos despiertos, es nuestra mente consciente la que ejerce el control. Esto nos resulta de gran utilidad para sacar el máximo rendimiento cada día. El subconsciente se comporta de una forma muy distinta, pues posee un toque mucho más sutil y surrealista que no ejerce la autoridad a través de normas, sino que nos permite, a través del poder de los sueños, acceder a nuestras profundas, y a menudo olvidadas, reservas de creatividad.

El mundo del sueño es un escenario etéreo, un lugar de imaginación y misterio en el que todo es posible. La mente, ocupada en el estado de vigilia con minucias y preocupaciones, se transforma en un lienzo en blanco a la espera de que usted se exprese a través de una fusión de colores. Las horas de sueño son una oportunidad para jugar, experimentar y explorar, y a pesar de que puedan surgir las preocupaciones cotidianas, es nuestra oportunidad para trabajarlas y darle sentido al mundo.

A través de las páginas de este libro podrá aprender a comprender su propio código de sueños, descifrar los símbolos y entablar amistad con su subconsciente. Descubra los significados profundos de los sueños más habituales y el valor de las pesadillas, que podrían ser joyas ocultas en la lucha contra el miedo. Se incluye una guía de fácil comprensión con una variedad de escenarios posibles de sueños y su interpretación. Con un imaginario espectacular y una pizca de encanto, accederá a otro mundo soñoliento del que emergerá más radiante y con un amor renovado por el fenómeno de *sus* sueños.

Descifrar
los sueños

Adéntrese en el ilógico mundo de los sueños y entre en un paisaje surrealista en el que la inversión de las dimensiones es un lugar común. Los pequeños fragmentos de las tramas se interrelacionan con imágenes de gran impacto y el telón de fondo cambia de forma continua, lo que puede resultar desconcertante o una experiencia memorable. No es de extrañar que nuestros sueños nos confundan. ¿Cómo se le puede dar sentido a algo tan aleatorio y revelar su significado más profundo? La respuesta es sencilla: es posible descifrar su código del sueño siguiendo unos sencillos pasos, aplicando un poco de lógica y una pizca de imaginación.

Los sueños son una cuestión subjetiva. Dos personas pueden tener el mismo sueño, pero su respuesta y su posicionamiento ante este son únicos y vienen determinados por los antecedentes, la experiencia vital y la situación. El primer paso para descodificar sus sueños consiste en anotar de inmediato todo aquello que recuerde y los sentimientos que experimentó en el sueño. Sus reflexiones iniciales se guiarán a través de la intuición, que procede directamente de la mente subconsciente, el mismo lugar en el que residen sus sueños.

Descifrar el código

Plasmar en un papel los fundamentos del sueño proporciona
un punto de partida, así como enlaces desde los que podrá
volver al sueño y revivir algunas de sus partes. Esto le ayudará
a evocar las emociones que ha experimentado. La forma
en la que se ha sentido es muy importante, ya que ofrece
una indicación clara del significado más profundo.
Si ha experimentado enfado o frustración durante el sueño,
resulta muy probable que se haya llevado consigo estos
sentimientos del mundo de la vigilia. Deberá ser muy
sincero con respecto al origen de su malestar y empezará
a ver cómo se vincula con su sueño.

Si bien muchos de los sueños reflejan en cierta manera
experiencias de la vida real, también existen sueños
relacionados con esperanzas, miedos y deseos profundamente
arraigados. A menudo estos últimos se experimentan de un
modo más vívido y real por tratarse de cuestiones cercanas
a nuestro corazón e incrustadas en nuestra psique. Esto
explica el motivo por el que las pesadillas pueden repetirse
durante días. Algunos sueños de este tipo pueden, de manera
equivocada, interpretarse como premoniciones, cuando
se trata solo del subconsciente que nos habla a un nivel
primigenio.

Comprender los sueños

PRIMER PASO

◇ ¿Cómo le hizo sentir el sueño? Elabore una lista con todas las emociones que ha experimentado. Es posible que recuerde más de una, sobre todo si el sueño presentaba muchos cambios.

◇ Si pudiera resumir el sueño en una frase, ¿cuál sería? Vaya un paso más allá e imagine que solo puede elegir una palabra para describir el sueño. ¿Por cuál optaría?

◇ Anótelo todo y léalo con atención.

SEGUNDO PASO

◇ Haga una lista de las personas, lugares y cosas que aparecen en su sueño.

◇ Rodee con un círculo los símbolos más relevantes.

◇ Valore cada uno de ellos y el significado que tienen para usted. ¿Qué representan? Anote sus respuestas.

TERCER PASO

◇ Lea con atención la lista de emociones y símbolos. ¿Encuentra algún patrón? ¿Hay algo que vincule los símbolos con las emociones?

◇ Si es capaz de construir un discurso narrativo a partir del patrón, valore si refleja algo que esté ocurriendo en su vida.

◇ Incluso si no es capaz de llegar a conclusiones definitivas, continúe anotando sus sueños durante los siguientes días y observe si surgen emociones y símbolos similares.

Siga este proceso y, con el transcurso del tiempo, comprenderá mejor el lenguaje de sus sueños y el significado específico que algunos símbolos tienen para usted. Esto le proporcionará mayor conocimiento sobre sus sueños y le permitirá aprender a confiar en su intuición, ¡tanto dormido como despierto!

Sueños comunes

En lo profundo de esa oscuridad, observando con detenimiento,
permanecí allí durante mucho tiempo, preguntándome,
temiendo, dudando, soñando sueños que ningún otro mortal
jamás se atrevió a soñar antes.
EDGAR ALLAN POE

Los sueños son, en gran medida, una cuestión individual,
aunque existen sueños comunes que todos experimentamos de
vez en cuando. La psique humana está configurada de manera
que todos tenemos esperanzas, deseos y miedos similares,
a pesar de nuestras personalidades únicas. Estas actúan como
desencadenantes en el subconsciente y evocan escenarios
oníricos universales que dan lugar a unas narrativas que hacen
emerger emociones diferentes, lo que nos ayuda a representar
y resolver nuestros deseos y miedos mientras dormimos.

Los sueños son una forma de dar sentido al mundo de la vigilia,
de manera que, si pasa por una época estresante o desafiante,
es posible que experimente uno o más de estos sueños comunes.
A pesar de que cada uno de ellos posee un significado
consensuado, se trata de un reflejo personal con respecto a cómo
piensa y se siente cada individuo, por lo que siempre tendrá
que comenzar con su reacción inicial y valorar la interpretación
general y relacionarla con su situación concreta.

Caída

Se cree que cada persona soñará, al menos en cinco ocasiones a lo largo de su vida, que cae. El origen de este tipo de sueños se basa en la inseguridad en el mundo real: del mismo modo que ocurre en el sueño, perdemos el control de una situación y nos encontramos en caída libre. Es posible que se sienta emocional, mental o físicamente abrumado. O bien que se haya visto inmerso en una escalada de acontecimientos y le hayan generado ansiedad. Si se ve a sí mismo de algún modo «a la espera», esto sugiere que intenta mantenerse vinculado a la realidad. Cuanto mayor sea su lucha y esfuerzo en el sueño, más estará lidiando con una situación determinada.

Observe su entorno para hallar claves más específicas: por ejemplo, si cae de la ventana de un bloque de oficinas y en su vida real trabaja en un despacho, puede significar caos y decepción profesional. Si cae al agua de cabeza, esto se relaciona con su vida emocional y podría ser que una relación personal le esté preocupando. Los sueños de caídas indican, asimismo, una sensación de fracaso. Pregúntese a sí mismo por qué cree haber fracasado, qué podría haber hecho de otra manera. Recuerde que cada experiencia, buena o mala, puede enseñarnos algo positivo.

Ahogamiento

Si sueña que se ahoga es muy probable que, en cierto modo, se esté ahogando en la vida real. Es posible ahogarse en tristeza, agobiado por los sentimientos hacia alguien o algo, o en deudas. Experimentará una sensación de estar «hasta el cuello» y con dificultades para respirar. A menudo esto hace referencia a una relación, ya que el elemento agua está vinculado a las emociones. En este caso, es posible que su afectación sea profunda y sienta que ha perdido su identidad. A ello se añade una sensación de hundimiento: se halla en una situación difícil y no sabe cómo va a salir de ella. Permanezca tranquilo. Respire y pase algún tiempo en contemplación o meditación, en silencio. Proporcione a su cerebro el oxígeno que necesita para encontrar una solución práctica.

Volar

Volar en un sueño está relacionado con una sensación de libertad. Por lo general, se trata de una experiencia vivificante, alegre, en la que el soñador siente que está en la cima del mundo. Es uno de los sueños comunes más positivos, un símbolo propicio, que sugiere que uno no solo controla su vida, sino que también se siente feliz por el funcionamiento de las cosas. A menudo vinculado a los logros, volar puede significar la consecución de un objetivo o un deseo preciado. En función de su habilidad durante el vuelo, podría significar triunfos en su vida personal y profesional.

Una interpretación alternativa sugiere que ha conseguido superar algo que le ha estado molestando. Se siente libre de preocupaciones y capaz de seguir hacia delante y hacia arriba. Si ha desarrollado alas que le ayudan a volar, ello sugiere un período de crecimiento espiritual. Aprenderá mucho sobre sí mismo y alcanzará nuevos niveles de sabiduría y comprensión.

Caída de dientes

Desde el siglo II, la gente ha soñado que se le caen los dientes.
Mientras que en épocas antiguas la gente creía que se trataba
de un presagio de muerte, la realidad es mucho más sencilla.
Así, es muy posible que esté pasando por un período muy
estresante. Este sueño, relacionado con la ansiedad, puede
hacerle sentir vulnerable, pero lo que hace es mostrar su
vulnerabilidad actual y reflejar la sensación de que ha perdido
algo de su mundo de vigilia. Puede tratarse de una merma
del ego, ya que los dientes forman parte de nuestra estructura
facial. En este caso, sugiere que la persona ha perdido la cara
en cierto modo, ya sea personal o profesionalmente.

Este sueño también podría indicar que se ha visto privado
de algo muy querido y está pasando por un período de luto.
Sea como fuere, a pesar de que resulta profundamente triste,
este sueño es una señal de que se está trabajando determinadas
cosas: se trata de una época de transición de la que resurgirá
más fuerte y radiante.

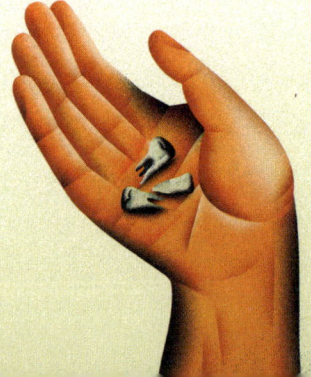

Persecución

Se trata de otro sueño habitual que se basa en el miedo
y la ansiedad. Si alguien o algo le persigue, conocido o no,
es muy posible que se sienta vulnerable en su vida de vigilia.
Podría estar bajo presión y sentir que se acaba el tiempo,
o quizá intente evitar un problema o situación y trate de huir
de ella. Pregúntese a qué le tiene miedo, qué intenta evitar.
Quizá ya haya puesto cierta distancia entre usted y aquello
que le genera la ansiedad, pero si el acosador de su sueño
le da alcance, puede sugerir que debe afrontar el problema
y que hacerlo es la única forma de enmendar la situación.

Si es usted quien persigue, denota una personalidad
ambiciosa, la de alguien con motivación que no aceptará
un no por respuesta. Aun así, la sensación de presión sigue
presente: en este caso, desea, con desesperación, alcanzar
su objetivo, y es posible que se esté apoderando de usted
el pánico. Respire hondo y acepte que, en ocasiones, las cosas
no se pueden forzar; sencillamente, fluya con la corriente
y deje que la vida lo lleve hacia otras, y emocionantes,
direcciones.

Estar desnudo

Descubrirnos desnudos en un sueño puede causar conmoción: quizá se dirija de un lugar a otro, en su quehacer cotidiano, esté en el trabajo o vaya caminando por la calle, cuando, de repente, se da cuenta de que ¡no lleva ropa! Se halla expuesto, y eso es exactamente lo que le preocupa en su vida en estado de vigilia. Hay algo que ha estado ocultando: podría ser un aspecto de su personalidad, un secreto o algo de lo que se sienta avergonzado. Y tiene miedo de que pueda salir a la luz.

Es posible que sienta que todas las miradas recaen sobre usted y tiene miedo de decir o hacer algo mal. Los sueños de desnudez son habituales cuando nos sentimos presionados frente a una actuación: en una entrevista, durante un examen o al tener que hablar en público. Observe el entorno del sueño para encontrar claves con respecto al ámbito de su vida que esté afectado. Asimismo, preste atención a cómo le miran los demás. Si no se dan cuenta de que va usted desnudo, podría sugerir que sus miedos son infundados y que está permitiendo que tomen el control de la situación en lugar de concentrarse para solucionar el problema.

Los sueños sobre desnudez pueden ser extremadamente liberadores, sobre todo ¡si se siente seguro sin ropa! Esto sugiere que es feliz en su propia piel y capaz de mostrar al mundo quién es usted.

Ir al baño

Soñar que existe la necesidad desesperada de ir al baño
y no hallar ninguno, o bien encontrarse con que todos
están ocupados, o no tienen puertas ni cerrojos, sugiere
una necesidad de dejar ir algo. Puede que ya sepa de lo
que se trata, aunque no tenga claro cómo hacerle frente
y se esté esforzando por expresar sus necesidades emocionales.
Ir al lavabo es un proceso que ayuda a eliminar toxinas
y, si en nuestro sueño no tenemos la posibilidad de hacerlo
o nos encontramos haciéndolo en situaciones extrañas, esto
indica una necesidad de liberarnos de algo que nos resulta
dañino. El control de esfínteres se inicia a una edad muy
temprana, forma parte del crecimiento, de manera que
los sueños sobre la utilización del inodoro pueden llevarnos
de vuelta a nuestra infancia. Es posible que se sienta
empequeñecido, como si sus necesidades no importasen.
Es hora de hacerse oír y ponerse uno mismo en primer lugar.

SUEÑOS COMUNES

Pesadillas en general

Habitualmente, las pesadillas se deben a una amplia gama de emociones, entre ellas la ansiedad, la culpa, la confusión y el estrés. Si está pasando por un momento difícil en su vida, es más susceptible de experimentar este tipo de sueños. La depresión es otra de las causas habituales, y, si bien el estrés es uno de los factores principales, hay otros que pueden desencadenar este tipo de sueños de alta carga emocional: cenar muy tarde, consumir demasiada cafeína e incluso tomar algunos medicamentos pueden dar lugar a pesadillas. Si ve que tiene una pesadilla recurrente y que llega incluso a afectar a su forma de sentir en su vida cotidiana, intente modificar el discurso. Para ello, lleve a la mente consciente el escenario de la pesadilla, pero en lugar de permitir que se desarrolle de forma negativa, cambie el final, de manera que se torne positivo: en otras palabras, haga que el monstruo sea una bestia amistosa que solamente quería jugar. Repita la versión positiva a diario, piense en ella una y otra vez y, pasado un tiempo, la pesadilla original desaparecerá.

Sueños recurrentes

En algunos momentos de la vida es posible
que experimentemos el mismo sueño varias veces.
Conocidos también como sueños recurrentes, estos pueden
repetirse desde tres o cuatro veces al mes hasta cada noche.
Por lo general, cuando ocurre esto, significa que estamos
pasando por una fase de transición. Algo ha afectado a nuestro
statu quo y nos ha impregnado de inquietud, de manera
que el sueño recurrente es nuestra forma de hacer frente
a los cambios. El sueño en sí mismo puede ser placentero
o molesto, y resulta una buena idea analizar los símbolos reales
implicados, así como las emociones, para encontrar la clave
de los significados más profundos.

Algunas personas experimentan series enteras de sueños
en secuencias. De nuevo, resulta una buena idea identificar
el discurso subyacente y aquello que quizá esté revelando
de su vida. Por ejemplo, un sueño que versa sobre dos personas
que se enamoran y acaban por casarse puede sugerir que
el soñador está buscando el «final feliz» en la vida real.

Guía de símbolos

Confía en los sueños; en ellos se esconde la puerta
a la eternidad.
YIBRÁN JALIL YIBRÁN

Existen millones de símbolos y escenarios oníricos,
y las cifras aumentan a diario. Dado que somos únicos,
nos costaría una eternidad redactar una relación de todos
ellos. Para ayudarle en su viaje por el país de los sueños,
esta guía incluye algunos de los conceptos clave y las
figuraciones más frecuentes del estado onírico. Proporciona
un punto de partida con el que empezar a descifrar
sus sueños. De cada símbolo se aportan varias
interpretaciones que proceden de la psicología y de la
tradición popular. Tómese su tiempo y encuentre aquella
que le haga sentir bien o cree la suya propia.

COMIDA

◇◇◇

No existe amor más sincero que aquel que se siente por la comida.
GEORGE BERNARD SHAW

Cocinar

Cocinar conlleva cierta implicación, ya que requiere tomarse un tiempo para preparar los alimentos, ya sea para uno mismo o para los demás. Siempre hay que probar la comida antes para valorar si el resultado es delicioso o un desastre. Si la respuesta se acerca más a lo primero, puede esperar alcanzar el éxito en los planes y proyectos que tenga entre manos; si se inclina más a lo segundo, podrá alcanzar su objetivo, pero primero deberá aplicarse y aprender de sus errores.

Comer fuera de casa

Soñar que disfruta de una comida en compañía de sus amigos o su familia es una señal positiva. Sugiere que se esperan tiempos agradables y que podrá compartir su buena suerte con aquellos a los que ama. El desarrollo de esta reunión y los sentimientos que experimente también tienen su significado. Si la comida acaba en llanto, analice cómo ha ocurrido: ¿se ha producido algún tipo de falta de comunicación? Observe su vida en estado de vigilia y analice cómo podría comunicarse mejor para evitar malentendidos con sus seres más próximos y queridos.

Comer

Nos alimentamos para nutrir nuestro cuerpo, de manera que los sueños referentes a comer indican una necesidad de cuidarnos. Analice su dieta y valore si puede introducir cambios positivos, teniendo en cuenta su salud y su estado en general.

Lo que come y la forma en que lo hace también resultan de importancia. Si se deleita con sus alimentos preferidos, puede significar una necesidad de consuelo; engullir la comida con voracidad indica que tiene hambre de algo en la vida real. Pregúntese a sí mismo: ¿qué le falta a mi mundo?, ¿de qué carezco? Si la comida no le sienta bien, es una clara señal de que algo en su vida le incomoda. Encuentre lo que es y deshágase de ello.

Tipos de alimentos

En los sueños la comida se presenta, igual que en la vigilia, en todas sus formas y variedades. A continuación, presentamos algunos símbolos comunes vinculados con la alimentación y una breve explicación de su significado.

MANZANA

A menudo vinculada, en la tradición popular, con el romance. Soñar con esta fruta podría indicar la perspectiva de un nuevo interés amoroso. Soñar con morderla sugiere algún tipo de tentación.

PLÁTANO

Relacionado con la fertilidad. Comer un plátano significa que se acerca un período de abundancia y productividad.

MELOCOTÓN

Símbolo positivo relacionado con la paz y la felicidad; cuanto más jugoso sea, más alegres serán las experiencias en su vida cotidiana.

PERA

Considerada un buen presagio. Comer una pera significa que el éxito está en camino. ¡Podría ser afortunado en el amor o en los negocios!

PATATAS

Este tubérculo se relaciona con el sustento y la prosperidad. Si las desentierra, sugiere que tendrá que labrarse su propio destino. Si las come, que es posible que encuentre la seguridad financiera que está buscando.

ZANAHORIAS

Relacionadas con la salud y el bienestar. Ver o comer una zanahoria en el sueño indica que en breve se sentirá en plena forma. También vinculadas con el amor, las zanahorias sugieren la inminencia de un interludio romántico.

OTRAS HORTALIZAS

Todas las hortalizas se relacionan con la salud. Comerlas puede significar que necesita prestarle atención a su dieta y a su bienestar en general. Si hace poco tiempo que ha estado enfermo, es una señal de que pronto se encontrará mejor. Las verduras sugieren una necesidad de curación.

CARNE

Comer carne muestra una necesidad de nutrición en sentido físico, emocional o espiritual. También relacionada con el dinero, podría indicar una ganancia inesperada o que debe poner sus finanzas en orden.

PESCADO

Símbolo altamente espiritual. Comer pescado sugiere que se está en proceso de análisis de sus propias creencias. Es posible que esté pasando por una etapa de transición. Por lo general, se trata de una señal positiva.

QUESO

Si en su sueño come queso, quiere decir que en su mundo en estado de vigilia recibirá bendiciones, posiblemente relacionadas con el dinero y la seguridad.

MÚSICA
Y
ENTRETENIMIENTO

◇◇◇

Si la música, como dicen, es alimento de amor, tocad, tocad...
WILLIAM SHAKESPEARE, *NOCHE DE REYES*

Tocar un instrumento

Soñar que se aprende a tocar un instrumento sugiere que se tiene un objetivo y una necesidad de aplicarse. Es posible que tenga en mente un proyecto o algo en lo que ya esté trabajando, y sabe, además, que le requerirá tiempo y esfuerzo. Existe una sensación de equilibrio y armonía implícitos en cualquier tema musical, y es posible que para progresar precise escuchar con el corazón abierto; será entonces cuando encontrará su ritmo.

Analice el instrumento que toca, ya que este tiene cierta influencia sobre el significado. Si requiere utilizar las manos, sugiere una necesidad de ser práctico, mientras que un instrumento de viento de madera podría indicar que ha de respirar hondo y conseguir que se escuche su voz. Si es usted un músico consumado, todo esto se traduce, en su mundo en estado de vigilia, en que conseguirá el reconocimiento que se merece.

Escuchar música

Uno de los grandes placeres de la vida consiste en escuchar una melodía y perderse en ella. No importa qué canción sea; si la disfruta, es que está en el momento adecuado. Analice cómo se ha sentido durante el sueño. ¿Lo animó la música y le hizo sentir como si flotara, o lo puso con los pies en el suelo? Si recuerda el título, anótelo, ya que podría ser una clave para identificar el mensaje subyacente. Lo que resulta obvio es que este sueño lo impele a dar un paso atrás, tomar conciencia de su entorno y prestar atención a lo que dicen los demás.

Componer música

Si en su sueño compone música, es porque en
la vida real se siente creativo. Del fondo de su ser
ha emergido a la superficie una urgencia de producir
algo valioso. Verse a sí mismo como miembro de una
orquesta, o dirigiéndola, sugiere que aspira a crear
algo de valor que pueda ser apreciado por los demás.
Pondere sus talentos y habilidades, y analice cómo
utilizarlos para satisfacer sus deseos.

Bailar

Balancear el cuerpo al compás de la música es un comportamiento increíblemente primigenio, algo que los seres humanos han llevado a cabo durante milenios. Existe una sensación de libertad asociada a cualquier tipo de danza; además, la habilidad de ignorar las inhibiciones y dejarse ir resulta liberadora. El mensaje fundamental de este sueño es que necesita soltarse de alguna forma, renunciar a las restricciones y hallar la independencia que busca. Ha llegado el momento de expresarse y ponerse en contacto con sus deseos y necesidades. Se acercan tiempos de diversión, así que, ¡dé el paso!

Mirar la televisión

Miramos la televisión para relajarnos y desconectar. Es una actividad que podemos llevar a cabo solos o en compañía de otras personas, aunque el elemento central es la pantalla. ¿En qué se centra su atención en ese momento? Este sueño le pide que encuentre su elemento central. Si ya se le ha ocurrido algo, asegúrese de que merece su atención. Analice también lo que ha observado durante su sueño y cómo le ha hecho sentir. Por ejemplo, un programa de terror mantiene relación con sus miedos, pero que algo le haya hecho reír sugiere que necesita ver la parte divertida de la vida.

ENTRENAMIENTO Y EJERCICIO

◇◇◇

El ejercicio es el trabajo sin cansancio.
SAMUEL JOHNSON

Correr un maratón

A menos que tenga planes de correr un maratón en la vida real, este sueño resulta bastante sencillo de descifrar. Tiene un objetivo en mente, mantiene la perspectiva, pero alcanzarlo le costará mucho trabajo y perseverancia. Si durante la carrera sufre una caída, esto sugiere una necesidad de encontrar un punto de apoyo y calmar los nervios. No se preocupe si no consigue llegar a la línea de meta o si tiene la sensación de que no es capaz de seguir: es su subconsciente, que le ayuda a trabajar aquellos miedos que pueden ralentizar su progreso mientras duerme.

Caminar

Andar a paso regular sosiega el espíritu y produce el mismo efecto en el mundo de los sueños. Si se halla en un entorno desconocido, pronto estará explorando nuevas tierras; podría tratarse de un nuevo trabajo o de un cambio de residencia. Si se observa disfrutando de la naturaleza en el campo, se trata de un sueño muy positivo e indica un período de paz y armonía. Se sentirá inspirado y a gusto con la vida durante las semanas siguientes.

Ejercicio

Ejercitarse requiere esfuerzo y determinación, incluso en sueños.
El tipo de ejercicio que escoja refleja aquello por lo que está
pasando. Así pues, si se ve levantando pesas, esto puede sugerir
que se siente abrumado con las responsabilidades, pero si
se observa a sí mismo levantando todo el peso, significa que la etapa
está a punto de concluir. ¡Conseguirá imponerse! Una clase
de ejercicios rápidos y frenéticos representa una mente caótica.
Optimice su lista de tareas: priorice y canalice su energía
y conseguirá navegar a través de sus deberes, tanto
en la vida real como en sus sueños.

Nadar

¿Cuál es su forma de acceder al agua? ¿Se zambulle o se mete poco a poco hasta el fondo? La forma de nadar dice mucho sobre el modo en que uno se siente en general. Un salto audaz sugiere una actitud optimista y aventurera, mientras que lo contrario indica que una persona es cautelosa. Si está en una piscina, analice su forma: si es cuadrada o rectangular, su mente funciona de forma lógica y práctica; si es redonda, es posible que busque una sensación de compleción. Quienes se sienten en el mar como pez en el agua son buscadores de libertad que rechazan sentirse confinados por normativas o regulaciones; buscan espacio en algún aspecto de su vida.

MODA Y ESTILO DE VIDA

◇◇◇

Yo no hago moda. Yo soy moda.
COCO CHANEL

Pasarela

Recorrer una pasarela con todas las miradas puestas en uno puede ser celestial para algunos, pero una pesadilla para otros. El significado de este sueño depende de cómo se sintió en ese momento y de lo que ocurrió. Si se sintió seguro, quiere decir que disfruta de hallarse en primer plano, y esto se traspasa a la vida cotidiana, donde muy pronto podría estar ocupando el centro del escenario. Si se sintió incómodo, es posible que necesite retirarse en cierta manera. Su forma de comportarse se halla bajo escrutinio. La naturaleza de cinta transportadora inherente a la pasarela significa que, sea lo que sea por lo que esté pasando, pronto habrá terminado.

Modelar

La función de los modelos es la de representar una
determinada imagen; si ha soñado que era un modelo,
esto quiere decir que se ha impuesto un referente
o que intenta vivir según los ideales de otro. En función
de cómo se haya sentido durante el sueño, podría ser algo
bueno o algo malo. Quizá esté intentando esforzarse para
hacer algo mejor, o sencillamente se sienta presionado
para ofrecer un aspecto determinado o actuar de una forma
concreta.

Ropa de vestir

Soñar con una prenda de ropa resulta significativo. El calzado está relacionado con tener los pies en el suelo y la sensación de seguridad. Los tacones glamurosos sugieren una necesidad de admiración y enaltecimiento. Los estilos prácticos muestran una naturaleza firme y de fiar. Los pantalones hacen referencia a los negocios, mientras que un vestido espléndido se refiere a la confianza personal y a la sexualidad. Los sombreros y gorros implican espiritualidad. Si son delicados, su presencia posee una alegre ligereza. Un gorro de lana sugiere una persona que mira por los demás.

Coser

Cosemos para crear una prenda de ropa o para reparar algo.
Soñar que se cose sugiere que ha de trabajar intensamente
para crear algo o para mejorarlo. A menudo puede hacer
referencia a una relación y a reparar una fisura o una grieta que
se ha producido en ella. Si cose a máquina, la reconciliación
que espera es de una magnitud mucho mayor que si lo
hace a mano.

Fotografía

Si es el fotografiado, es posible que, en su vida cotidiana, se sienta exhausto y a merced de los demás. Parece ser que todo el mundo quiere algo de usted y, a pesar de que la atención resulta halagüeña, al cabo del tiempo se le hace pesada. Si es usted el fotógrafo, hay algo a lo que intenta agarrarse de forma desesperada. Podría ser un sentimiento, un recuerdo o algo físico que intenta conservar.

Aficiones

Hacer algo que le gusta en un sueño siempre resulta positivo. Se siente feliz con quien es ahora mismo y con su forma de vida. Observe las habilidades implícitas en su afición o actividad. Si son prácticas y relacionadas con las manualidades, sea lo que fuere que ha construido en la vida real —ya sea una familia, un negocio u otro sueño—, siga adelante, ya que está en el camino correcto. Si las habilidades son activas y deportivas, en su vida existe un elemento competitivo que le proporciona ventajas.

Personajes famosos

Soñar con alguien famoso está relacionado
con las aspiraciones; hay algo de esa persona con
lo que usted se identifica, o quizá le gustaría estar
en su lugar. Si le tratan como un amigo, existe
un grado de aceptación; socialmente desea formar
parte del grupo. Si son poco amables y despectivos,
puede sugerir un miedo al rechazo. Podría ser
por parte de una nueva pareja, un amigo o alguien
a quien tiene en alta estima. Soñar con que uno es
famoso significa que desea serlo. No se preocupe,
este sueño seguro que es una señal de que ¡está
a punto de vivir su momento de gloria!

Realeza

Soñar que se tiene un encuentro con la realeza sugiere que intenta impresionar a alguien. Desea satisfacerlo de algún modo y obtener su respeto. Si sueña que usted forma parte de la realeza, observe la posición que ocupa: rey o reina suele significar que le gustaría ejercer más autoridad y exigir más respeto; príncipe o princesa sugiere la necesidad de ser colocado sobre un pedestal. Fundamentalmente, busca admiración.

VIAJES

◇◇◇

Viajar expande la mente de una forma extraña.
HANS CHRISTIAN ANDERSEN

Diferentes países

Soñar con otros países es una señal incuestionable
de que necesita hacer una pausa. Ha trabajado mucho
y su subconsciente le dice que se relaje un poco y se tome
un tiempo para descansar. ¡Se avecinan cambios! Analice
el país de sus sueños y lo que significa para usted. ¿Ha estado
allí antes? Si es así, ¿cómo se sintió? Si es un lugar en el
que no ha estado nunca, es hora de salir de su zona de confort.
Cambie su rutina de algún modo y dele nuevo sabor
a su vida.

Vacaciones

Soñar que se está de vacaciones es una señal inequívoca
de que se busca el cambio. Podría tratarse de un cambio de
entorno, un nuevo trabajo o algún tipo de transformación
personal. Las vacaciones son para disfrutar, y este tipo de
sueño lleva implícito un sentido de diversión, lo que sugiere
que se avecinan épocas placenteras. Si las vacaciones
se estropean de alguna manera, es posible que tenga ciertas
reservas con respecto a los cambios que desea implementar;
se siente preocupado y se arrepentirá de dar el paso.
Tenga fe, tome cada día como se presenta y confíe
en que va a tomar la decisión correcta.

Cultura

Asimilar la cultura de un nuevo lugar resulta emocionante. Se observan las cosas con una mirada fresca y es precisamente de esto de lo que va el sueño, de encontrar una perspectiva diferente. Tanto si visita un edificio histórico como si entabla nuevas amistades con la gente del lugar o explora las calles de la ciudad, estará abierto a cada experiencia. Necesita mirar algo de su vida de una forma novedosa. Una vez que empiece a hacerlo, la felicidad será suya.

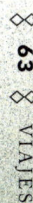

Hoteles

Los hoteles proporcionan un alojamiento provisional; son un recurso temporal y un lugar en el que descansar durante un viaje. Si durante el sueño aparece uno, el mensaje subyacente es que, sea cual fuere la situación por la que atraviesa en su vida cotidiana, esta solo es temporal. Forma parte de un proceso por el que hay que pasar. Si el hotel es lujoso y suntuoso, sugiere una época de placer y éxito; si es sencillo o más bien parecido a una prisión, significa dificultades y una fase constrictiva en su vida. De cualquier manera, se trata solo de un ciclo que tendrá un punto final.

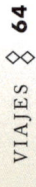

Caravanas

Una caravana es un hogar portátil y algo que se puede
trasladar a cualquier lugar. Si aparece en su sueño, quiere
decir que su familia es importante para usted. Es posible
que necesite el consuelo y el amor de aquellos que lo conocen
bien, o a quien echa de menos en cierta manera. Se siente
desconectado de sus seres más próximos y queridos.
Sea lo que fuere que esté causando el distanciamiento,
este sueño le insta a reconectar y poner en orden cualquier
pequeña disputa o malentendido.

Tiendas de campaña

Tanto si es usted un fanático de las acampadas como si no, la presencia de una tienda de campaña en su sueño indica un sentimiento de transitoriedad. Se halla en una situación de cierta inseguridad y, aunque la tienda puede serle útil de momento, al final no cubrirá sus necesidades. Es posible que esté intentando echar raíces de alguna forma, pero ahora no es el momento. Si la tienda sale volando, sugiere que las cosas tendrán un final próximo y podrá seguir adelante.

Equipaje

En los sueños, el equipaje representa el bagaje emocional que uno lleva consigo. Perder el equipaje significa que necesita desprenderse de algo que le causa estrés. A pesar de que perder el equipaje en la vida real supone un auténtico disgusto, este sueño sugiere que hay algo o alguien con quien no está a gusto. Si le resulta difícil incluso levantar el equipaje, su subconsciente le está diciendo que lo suelte, rompa los lazos que lo atan al pasado y prosiga con un corazón abierto.

Pasaportes

Los pasaportes nos identifican. Observar uno en su
sueño sugiere que está descubriendo quién es exactamente
y aprendiendo algo nuevo sobre sí mismo. Perder el pasaporte
equivale a perder una parte de uno mismo, ya sea debido
a una situación difícil o a problemas constantes. Visualizar
el pasaporte sellado sugiere que, en cierto modo, está
buscando aprobación.

Aviones

Al tratarse de un medio de transporte relacionado con
lugares lejanos, observar un despegue en su sueño indica
una necesidad de escapar. Está buscando nuevos horizontes
y un nuevo comienzo. Si en su sueño es un pasajero y el viaje
le resulta placentero, está a punto de conseguir lo que
se había propuesto, o bien va a dar un enorme paso para
su consecución. Si su vuelo se ve afectado por turbulencias,
es posible que deba superar ciertos desafíos en su camino.
Aun así, está encauzado hacia sus sueños, de manera
que, como un buen piloto, mantenga en mente su destino
y disfrute del viaje.

Automóviles

A menudo un símbolo de estatus, la elección de un automóvil
es un tema muy personal. Si en su sueño está conduciendo
uno, esto muestra cómo se ve a sí mismo y cómo le gusta
que los demás lo vean. Un vehículo rojo brillante y deportivo
oculta una naturaleza atrevida, mientras que uno negro
y potente sugiere que está seguro de sí mismo y que le gusta
asumir el liderazgo. Analice lo que significa para usted
el tipo de automóvil. Si lo conduce a toda velocidad,
es posible que algún aspecto de su vida le cause impaciencia.
Desea encargarse de ciertos asuntos, y la frustración que
esto le supone traspasa el umbral del sueño.

Embarcaciones

Navegar a bordo de un velero es una experiencia emocionante.
El océano es amplio y puede llevarle a cualquier lugar.
Soñar que está en el mar puede significar que en la vida real
se siente un poco perdido. Quizá tenga demasiadas opciones
y no sepa por cuál decantarse. Si va a la deriva a bordo de
una embarcación, sin tener tierra a la vista, es posible que
carezca de dirección o de objetivo; sin embargo, si se dirige
a un lugar específico, está preparado y listo para aprovechar
la oportunidad. Viajar a bordo de un crucero o transatlántico
sugiere un deseo de lujos. También puede pronosticar
un viaje inesperado o unas vacaciones.

Trenes

Soñar con trenes es una señal de que se dirige hacia algún lugar. Si va demasiado rápido significa que algo en su vida está fuera de control. Es posible que tenga la sensación de que le han cargado con demasiadas responsabilidades y que lucha para seguir el ritmo. Si el viaje en tren es placentero y se siente seguro, es una señal positiva. Va bien encaminado.

Bicicletas

Se necesita fuerza y resistencia para conducir una bicicleta durante cualquier período de tiempo. Con independencia de si viaja por una ruta urbana o por un terreno difícil, precisará energía, y justamente este es el mensaje de este símbolo onírico. En la vida puede llegar adonde desee, pero necesita realizar el esfuerzo. No espere a que las cosas le lleguen solas: persiga sus sueños de forma activa. Tiene luz verde. Vaya a por ello, pero esté preparado para trabajar duro y así obtener los resultados que desea.

Motocicletas

Veloces y dinámicas, conducir una motocicleta conlleva cierta aventura: es rápida, frenética y puede llevarle adonde necesite en un abrir y cerrar de ojos. También incluye un elemento de riesgo. Soñar que se va en moto sugiere una búsqueda de más emoción en la vida, o una urgencia de alcanzar el éxito. En cualquier caso, existe ese deseo de apremio. Si cree que es posible que tenga esa sensación de impaciencia, recuerde el viejo proverbio «los tontos corren allí donde los ángeles temen pisar».

Globos aerostáticos

Subir a bordo de un globo aerostático implica ascender y alejarse. Ligero como una pluma, uno vaga por el cielo sin rumbo, dejando atrás todas las preocupaciones. Este sueño hace referencia a soltar lastre, a liberarse. Puede que se vea sobrecargado de preocupaciones, pero soñar que se viaja en globo es una señal de que está a punto de sentirse mucho más ligero. Encuentre formas de relajarse y acabar con el desorden de su vida, tanto físico como emocional, y pronto se sentirá como si caminara por el cielo.

ESPACIO

◇◇◇

El viaje por el espacio para todos es la próxima frontera
de la experiencia humana.
BUZZ ALDRIN

Alienígenas

Enfrentarse a un alienígena puede resultar inesperado, pero
en el mundo de los sueños ¡todo es posible! Por lo general,
lo que se describe como un alienígena nos resulta desconocido,
pero esto no significa que sea algo malo. Si los alienígenas
son amables, entonces confíe en su propio instinto, todo estará
bien. Si resultan agresivos, es una señal de que sus miedos
lo abruman. La ansiedad le impide seguir adelante, pero esto
solo es temporal. En algún momento deberá volver a la Tierra.
Es posible que esté pugnando por superar sus miedos, pero
al final lo conseguirá.

Tierra

Si se encuentra observando la Tierra desde el espacio,
su sueño le está diciendo que necesita dar un paso atrás para
tener otra perspectiva y observar un horizonte más amplio.
Se halla demasiado absorto en algún asunto que le impide ser
objetivo. Otra interpretación sugiere que se ha autolimitado
de alguna manera y necesita ampliar sus horizontes.
Es el momento de dar un paso fuera de la zona de confort
e intentar adoptar un nuevo enfoque.

Luna

Si una luna mística ha mostrado su presencia en sus sueños, es el momento de confiar en su intuición. Ya sea que camine sobre la luna como si solo observa este cuerpo luminiscente, el mensaje es el mismo: tome nota de los sentimientos y las sensaciones que percibe en esos momentos. La luna está relacionada con la iluminación y ha recibido veneración a lo largo de los tiempos. Las civilizaciones antiguas adoraban a los dioses lunares y buscaban inspiración en este cuerpo celeste. Cuando aparece la luna en un sueño significa que uno se halla en un punto álgido de creatividad, de manera que ¡saque el máximo partido!

Naves espaciales

El espacio sideral es un lugar extraño en el que encontrarse
si supuestamente se está durmiendo, pero resulta emocionante
y nos vaticina nuevas aventuras por venir. Si no lo está
haciendo ya, pronto se verá abriendo nuevos caminos,
emprendiendo cosas por su cuenta y dejando huella.
Es importante apreciar si uno es un pasajero o un miembro
de la tripulación. En el primer caso, se verá arrastrado
por los acontecimientos con poco o nada que decir sobre
lo que ocurre. En el segundo caso, se verá trabajando
con otros para alcanzar sus sueños. No obstante, si es
el comandante de la nave, deberá tomar usted las riendas
para llegar a cumplir su destino.

Estrellas

¿Observa las estrellas? Quizá, bajo el cielo estrellado,
comparta un momento especial con una persona
a la que ama; o bien se encuentre solo, en la oscuridad,
con la única compañía del cielo nocturno. Las estrellas
simbolizan consecución y reconocimiento. Está más cerca
de alcanzar sus sueños de lo que imagina. Las estrellas
en el cielo parecen estar fuera de su alcance, pero usted puede
observar su intenso brillo. Quizá se sienta solo bajo el oscuro
velo de la noche, pero no pierda la esperanza. Su estrella
de la suerte brilla sobre usted.

ANIMALES EN LIBERTAD

◇◇◇

Los corazones de las personas son como animales salvajes.
ALI IBN ALI TÁLIB

Oso

Grande e hirsuto, el oso es un personaje formidable, tanto en la vida real como en los sueños. En muchas tradiciones, los chamanes relacionan a esta criatura con la curación y la recuperación, debido a que se trata de una especie que hiberna. Encontrarse cara a cara con este poderoso animal en sueños implica que deberá hallar el valor suficiente para hacer frente a su vida cotidiana en su realidad de vigilia. Es posible que, en primer lugar, deba reunir fuerzas e invertir cierto tiempo reflexionando sobre aquello que realmente desea; una vez que esté listo, póngase firme y plántele cara a la realidad.

Araña

Tejedoras del destino, las arañas provocan pánico en algunas personas y son veneradas por otras. Para las culturas antiguas, se relacionaban con la sabiduría y eran consideradas capaces de tejer tan intrincadamente los hilos del destino como los de sus propias telas. Si una araña se convierte en protagonista de su sueño, significa que hay cambios a la vista. Su vida puede modificarse de forma inesperada y, a pesar de que no espera cambios fortuitos, les sacará el máximo partido y encontrará su auténtico camino. Es posible que ya esté envuelto en ciertas circunstancias incontrolables, pero la presencia de una araña muestra que recuperará la fuerza y volverá a hallar el equilibrio.

ANIMALES EN LIBERTAD

Venado

El venado, un animal lleno de dulzura, posee
una inocencia hermosa y frágil. Si visita su sueño,
es un precioso presagio y una señal de que usted es
un individuo amado y atendido. A menudo se
relaciona a los venados con el miedo debido
al modo en que huyen del peligro.

¿Siente temor por algo? Si es así, piense en
la forma de canalizarlo y convertirlo en algo
positivo para seguir adelante. Aunque
el venado se escape en sus sueños, usted
no debería hacerlo. El animal es ágil
con sus patas, y usted lo es con su
mente. Además, cuenta con
numerosos recursos.

Lobo

Misterioso y huidizo, el lobo sabe sobrevivir en el mundo silvestre. Encontrarse con uno en sueños quiere decir que usted también posee ese instinto de agudeza: cuenta con una gran resiliencia y numerosos recursos cuando los precisa. Si el lobo está solo, es una señal de que usted también necesita adquirir más confianza y aprender a reaccionar ante situaciones nuevas, y quizá dejar pasar algún tiempo de meditación antes de actuar. Si el lobo se halla junto a su manada, es momento de reunirse con su propia tribu: júntese con su familia y amigos y haga un esfuerzo para resultar sociable.

Caballo

Algo que está llevando a cabo precisa resistencia y fuerza,
lo cual constituye el motivo por el que el caballo ha dejado
notar su presencia en su sueño. Relacionado con la fuerza,
la longevidad y el sentido de la distancia, la aparición
de un caballo en su sueño significa que está a punto,
si no lo ha hecho ya, de iniciar un proceso que requerirá
de usted una buena cantidad de esfuerzo y tenacidad.
Ya se encuentre cabalgando, acariciando u observando
al animal, es una señal de que alcanzará el éxito.

Serpiente

Si una serpiente se ha deslizado hasta alcanzar sus sueños,
¡no tenga miedo! Mientras que algunas personas piensan que
se trata de un mal presagio, el auténtico significado es el de
la transformación. Del mismo modo que la serpiente muda la
piel, a usted también se le pide que suelte algo, que podría
ser una idea preconcebida o un determinado comportamiento.
Cambie su manera de pensar y cambiará su forma de sentir.
Si en su sueño la serpiente se enrolla sobre usted y lo envuelve,
esto sugiere que está permitiendo que el miedo lo consuma.
Crea en sí mismo: tiene la capacidad de transformar su vida.

Polilla

Las polillas representan el lado oscuro de nuestra
personalidad y aquello que queremos ocultar, tanto
de nosotros mismos como de los demás. Mientras
que esto resulta cierto, también es verdad que las polillas
se ven atraídas por la luz, lo que sugiere que es el momento
de desvelar estas cuestiones. Asuma sus debilidades y aprenda
a amar a su propio yo. Es posible, asimismo, que escuche
o comparta un secreto. En cualquier caso, algo va a salir
a la luz en un futuro próximo.

Mariposa

Graciosas y delicadas, las mariposas son uno de los milagros de la naturaleza. Este símbolo mágico sugiere que está pasando por un período de cambios en su vida. Podría, en un primer momento, tratarse de una transformación gradual pero, en cualquier caso, inevitable, por lo que no tema abrazar los cambios. En la tradición popular, la mariposa se relaciona con el espíritu, y el hecho de ver es símbolo de iluminación espiritual. Está recibiendo una invitación para encontrar su belleza interior y dejar que brille.

ANIMALES EN LIBERTAD

Aves

Por lo general, si observa aves en un sueño, se trata de una
señal positiva. Si las aves vuelan, cantan o trinan, indica
armonía y tiempos venideros agradables. Si picotean
algo, es posible que se sienta atacado en cierta
manera. Podría ser a través de críticas constantes
o comentarios molestos. El tipo de ave también
resulta simbólico. Los mirlos y los petirrojos,
por ejemplo, atraen la buena fortuna; los cuervos
aportan sabiduría, y los búhos representan el
espíritu de los muertos y pueden
ayudarlo a conectar con
sus seres queridos
y fallecidos.

Abejas

Soñar con este laborioso insecto significa que se avecinan épocas de gran ocupación. Es posible que ya se halle en medio de una extraordinaria actividad, pero no intente cargar con todo. Sea cual sea su objetivo final, es preciso que trabaje en equipo para conseguirlo. Las culturas antiguas consideraban a las abejas como una representación del sol, relacionadas con la luz y el calor. Tanto si aparecen en forma de enjambre como si se posa una sola sobre usted, o incluso si la tiene en las manos, se le ha concedido el regalo de la felicidad y la amistad.

MASCOTAS

◈◈◈

Nuestros compañeros perfectos no tienen nunca menos de cuatro patas.
SIDONIE-GABRIELLE COLETTE

Felinos

Desde el principio de los tiempos, los seres humanos
han caído bajo el embrujo de los felinos. Enigmáticos
y misteriosos, los gatos están relacionados con la magia,
la hechicería y el reino de las hadas. Si en sus sueños aparece
al menos un minino, se le insta a mirar más allá de lo evidente.
Confíe en su intuición y siga los dictados de su corazón: sabe
qué es lo mejor para usted en este momento, de manera que
sea valiente y confíe. Si los felinos de sus sueños son de gran
tamaño, considere lo que representan. Un león sugiere que
necesita ser valiente, mientras que un guepardo, conocido
por su velocidad, le insta a que sea más rápido.

Perros

En todo el mundo, los perros son considerados compañeros
leales. Soñar con uno significa que usted es un buen amigo.
El perro podría representar a un amigo cercano o simplemente
la importancia que para usted tiene el concepto de la amistad.
Los perros también están vinculados a la protección,
y su ladrido podría ser una señal de alerta. Si en su sueño
el perro ladra a un volumen elevado, podría tratarse
de una advertencia de su subconsciente de que se ande con
cuidado y sea cuidadoso al relacionarse con otras personas.

Conejos

En China, los conejos son sagrados y están relacionados con la diosa de la luna Chang'e. Los celtas creían que eran mensajeros que comunicaban este mundo con el de los espíritus. Si bien a menudo se los considera embaucadores por su agilidad mental, los conejos significan oportunidades. Es hora de asumir riesgos; la buena fortuna está llamando a su puerta, pero debe estar preparado para dar el paso.

Cobaya

Las cobayas representan responsabilidad; estas adorables
criaturas poseen una naturaleza dulce, de manera que
soñar con una de ellas es un indicador de que usted también
cuenta con un corazón enorme y siempre está dispuesto
a tender una mano a quienes más lo necesitan. El lado
negativo implica que tiene demasiadas responsabilidades,
y que, en ocasiones, se siente abrumado por ellas.
Si observa que en su sueño le sucede algo malo a la cobaya,
esto sugiere que está preocupado por el bienestar de alguien.

Hámster

Soñar con un hámster, sobre todo si lo tiene en las manos,
sugiere que está intentando solucionar un problema,
o bien que se halla en medio de una situación delicada.
El mejor consejo sería dejar el tema a un lado y dar
un paso atrás. Cuanto más intente resolver el problema
en este momento, peor irán las cosas. La clave, en esta
situación, radica en el espacio y la sensibilidad.

Ratón

Ver un ratón, tanto en un sueño como en la vida real,
es un buen augurio. La suerte está de camino y, aunque
no se trate de ganar un premio en la lotería, será una sorpresa
que le hará sonreír. Si está intentando darle caza al ratón y este
se escapa, indica la existencia de pequeñas complicaciones
relacionadas con su carrera profesional. Sujetar un ratón
implica que existe un problema del que ya es consciente
y que está gestionando con eficacia.

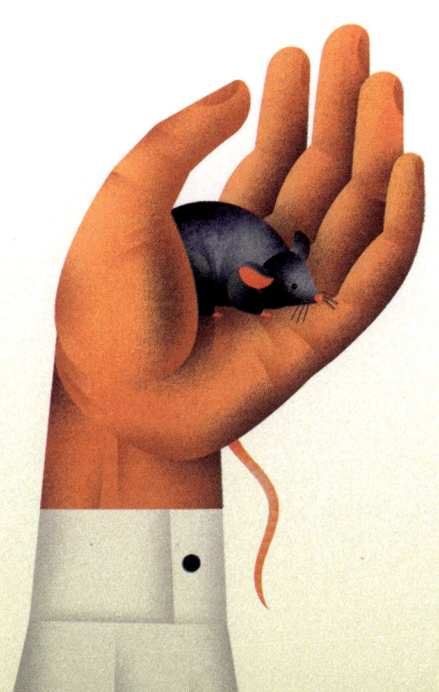

NATURALEZA Y SUS MARAVILLAS

◇◇◇

Sea un buen animal, sincero con sus instintos animales.
D. H. LAWRENCE,
EL PAVO REAL BLANCO

Cuidar animales

Observarse uno mismo, durante el sueño, cuidando de un animal denota una personalidad compasiva. Es probable que en la vida real tenga que hacerse cargo de una persona o situación, o quizá exista algo que deba alimentar dentro de sí mismo. Cuidar a una mascota implica la existencia de un fuerte vínculo con ella, y la conexión emocional entre ambos trasciende cualquier barrera de comunicación posible. Puede que se sienta muy preocupado por su mascota y que esta preocupación se filtre en su sueño.

Vivir con animales

Si se encuentra encerrado en un espacio con un grupo de animales, o vive con ellos, es importante observar de qué especies son y qué representan. Si, por ejemplo, se halla confinado en un espacio cerrado con una manada de leones, pero estos no le agreden, esto simboliza que hará frente a su miedo y se dará cuenta de que no existía razón alguna para preocuparse. También sugiere una afinidad con este tipo de grandes felinos, y que debe recurrir a sus profundas reservas de valentía.

Convertirse en un animal

Hace tiempo, las tribus que habitaban el planeta observaban el reino animal en busca de inspiración, fuerza y poder. Se escogía a los animales por sus habilidades y se utilizaban como tótems. Esta práctica implicaba adoptar la forma del animal e imitarlo, llevar su piel o moverse de una determinada manera. Si sueña con que se convierte en un animal, es posible que sienta una afinidad con él, e incluso que desee desarrollar características y rasgos similares a los de este. Valore lo que representa para usted y haga una lista de sus cualidades, y analice si alguna forma parte de su personalidad.

Aventuras en el bosque

Encontrarse solo en el bosque o explorando el campo
es una buena señal. La naturaleza ejerce una influencia
calmante sobre la mente, el cuerpo y el alma, lo que indica
una necesidad de paz y de hallar nuevas formas para relajarse.
Si el bosque es oscuro y premonitorio, su subconsciente quiere
decirle que ahonde en aquellos aspectos a los que deba hacer
frente a un nivel emocional. Una vez que lo haya hecho,
encontrará la paz interior que anhela.

Montañas y colinas

Si se halla observando una colina o una montaña,
simboliza que frente a usted se presenta una tarea importante,
algo a lo que debe enfrentarse y respecto a lo que guarda
ciertas reservas. Si puede ver la cima, es probable que alcance
el éxito. Si no la ve, está inseguro con respecto al resultado
final. Si ya está subiendo la montaña, esto indica que está en
camino y trabaja para alcanzar su objetivo. Hallarse en la cima
es una buena señal: está en una posición de poder y se siente
grande en cierto modo. Es el momento de celebrar la victoria.

Arcoíris

Ver un arcoíris en un sueño es un buen augurio. Este
símbolo de buena suerte proporciona bendiciones y felicidad
general. Si ha vivido épocas difíciles o se ha sentido enfermo,
el arcoíris es una señal de que las cosas van a mejorar: está
llegando al final de la época difícil y el futuro parece brillar.
A menudo relacionado con la abundancia, el arcoíris también
sugiere una resolución de dificultades económicas.

Saltos de agua

Las cascadas siempre encuentran una forma de fluir
sobre las rocas. Si en su sueño aparece alguna, es una señal
de que usted también necesita encontrar su propio camino.
Es posible que sienta alguna limitación, o que se le presenten
obstáculos, pero esto no significa que su meta sea inalcanzable.
Sea flexible, como la cascada, y encuentre un nuevo camino.
Símbolo de rejuvenecimiento, la cascada también sugiere una
necesidad de paz y armonía. Es posible que experimente
un despertar en algún ámbito de su vida.

CRIATURAS MÍTICAS

◇◇◇

… y del corazón de la flor surgió un unicornio.
JAMES ENDICOTT

Dragón

En las tradiciones orientales, el dragón es un buen augurio
y un símbolo de riqueza y éxito, mientras que el concepto
occidental es más cauteloso. Para este, el dragón es vengativo
y, a menudo, destructor. Soñar con un dragón es una
señal de que está a punto de convertirse en el centro
de atención de algo. Quizá deba asumir un liderazgo
o iniciar un nuevo proyecto. Sea lo que fuere, la suerte está
de su lado. Es posible que deba defender su decisión de alguna
forma, pero se acabará ganando a la gente con su carisma
natural.

Ave fénix

Símbolo de renacimiento y nuevos inicios, cuando aparece
un ave fénix en sus sueños significa que empieza un nuevo
ciclo. Es posible que una puerta se cierre, pero otra está
a punto de abrirse. El pasado es el pasado; es hora de seguir
adelante con optimismo. Puede que haya cometido errores,
pero ha aprendido de ellos, y este nuevo comienzo le da
la oportunidad de utilizar el conocimiento adquirido.

Sirena

Este hermoso híbrido de mitología y leyenda representa
la fortaleza femenina y mantiene relación con las emociones.
Soñar con una sirena sugiere emotividad e incluso
hipersensibilidad en algún ámbito. Es posible que guarde
relación con su vida amorosa y que surjan sentimientos
apasionados repentinos que lo consuman. Soñar que
se es una sirena es una advertencia para no rendirse
al romance. Cuide su corazón y mantenga su equilibrio
mental.

Unicornio

En la tradición popular, se considera que el unicornio es un símbolo de esperanza, pureza y amor. Allí donde va, esparce un poco de su magia. Ver a uno en sueños es un maravilloso augurio. Pronto sentirá que vive en el séptimo cielo, colmado de felicidad. El amor es la clave de este sueño: a la vuelta de la esquina le espera uno o una relación que adquiere una mayor profundidad y conexión. Abra su corazón y comparta sus sentimientos con los seres más próximos y queridos. Es hora de celebrar sus relaciones.

ROMANCE
Y CITAS

◇◇◇

Las verdaderas historias de amor nunca tienen un final.
RICHARD BACH

Media naranja

Si sueña con que ha encontrado a su media naranja, ya sea
una persona conocida o un absoluto extraño, el significado
es el mismo. Esta persona lo representa a usted y a todas sus
cualidades. Cuando, en sus sueños, conoce a su pareja perfecta,
lo que hace en realidad es colocarse frente a frente consigo
mismo. Este sueño mantiene relación con aprender a amar
a la persona que uno es. Es posible que, en su vida de vigilia,
ya lo haga, pero en su camino se presenta una época
de crecimiento personal y autoaceptación.

Enamoramiento

Si sueña que se enamora, lo que busca es algún tipo
de conexión. Si tiene pareja, es posible que necesite
recuperar la proximidad que sentía al principio de su relación.
Si está soltero, podría tratarse de una necesidad más profunda
de afecto o de conocer a alguien especial. Si conoce a la
persona que aparece en su sueño, sugiere que le gustaría
darle más fuerza a la relación, ya se base esta en la amistad
o en la atracción romántica.

Cita

Si tiene citas de manera habitual, no le sorprenderá soñar
con ellas. Es la forma que tiene el cerebro de preparar
a un individuo para la realidad, a modo de ensayo imaginario.
Tener una cita podría causarle cierta ansiedad, lo cual es
el motivo por el que se halla en primera línea en su mente.
Si la cita se lleva a cabo con un desconocido y todo va bien,
indica que se encuentra en un viaje de autodescubrimiento.
Está aprendiendo a conocer sus puntos fuertes y sus talentos.
Una cita desastrosa significa que hay una parte de usted
mismo que no le gusta o con la que no se siente cómodo.

Ruptura

Soñar con que rompe la relación con su pareja actual
denota un profundo miedo al rechazo. Se siente vulnerable
en la relación, pero esto se debe fundamentalmente a una
falta de autoestima, más que a cualquier cosa tangible.
En lugar de preocuparse sin cesar por el futuro, empiece
a vivir el presente. Disfrute del tiempo que pasan juntos,
pero también del que transcurre estando separados. Aprenda
a quererse y los sueños de este tipo acabarán por desaparecer.

Aventura apasionada

Soñar que vive una aventura amorosa a menudo significa que está experimentando una lucha interior entre sus sentimientos y sus deseos más profundos. Sabe lo que está bien, socialmente hablando, pero se siente tentado en cierta forma. Si vive en pareja, es posible que se sienta aburrido y desee introducir cierta emoción en su rutina habitual.

Relación de una noche

Si en su sueño vive una breve relación con un extraño, esto sugiere que se siente tentado a vivir una aventura sin tener en cuenta sus consecuencias. Esto podría ser positivo, si usted es una persona que se ajusta siempre a las normas y necesita ser más espontáneo; sin embargo, no olvide que existe un elemento de peligro. En lo más profundo de su ser sabe que existe un riesgo implícito. Valore si merece o no la pena.

Soñar con un ex

Soñar con que se vive una relación con un ex significa que echa de menos la compañía. Incluso si tiene una nueva pareja, es posible que haya algo que extrañe de la anterior. Si todavía siente algo hacia su ex, entonces el sueño es bastante literal, aunque no quiere decir que vaya a volver con esa persona. Solo es un reflejo de cómo se siente en ese momento. En algunas ocasiones existen sentimientos de culpa o de cuestiones inacabadas de anteriores relaciones que emergen a la superficie en este tipo de sueños.

Petición de mano

Para analizar este sueño se han de considerar
varios factores: quién hace la proposición, cuál
es la respuesta y si la petición procede de su pareja
actual o de un extraño. Si es usted quien recibe
la propuesta de su pareja, muestra una necesidad
subyacente de compromiso. Tiene la esperanza de
que esta relación llegue lejos. Si recibe la proposición
de un extraño, el sueño sugiere que no ha encontrado
todavía la pareja adecuada, o bien que necesita hallar
aún un aspecto de sí mismo para sentirse completo.
Si es usted quien hace la propuesta, existe algo
que desea y que le ayudará a sentirse más seguro:
usted sabe lo que es, solo ha de pedirlo.

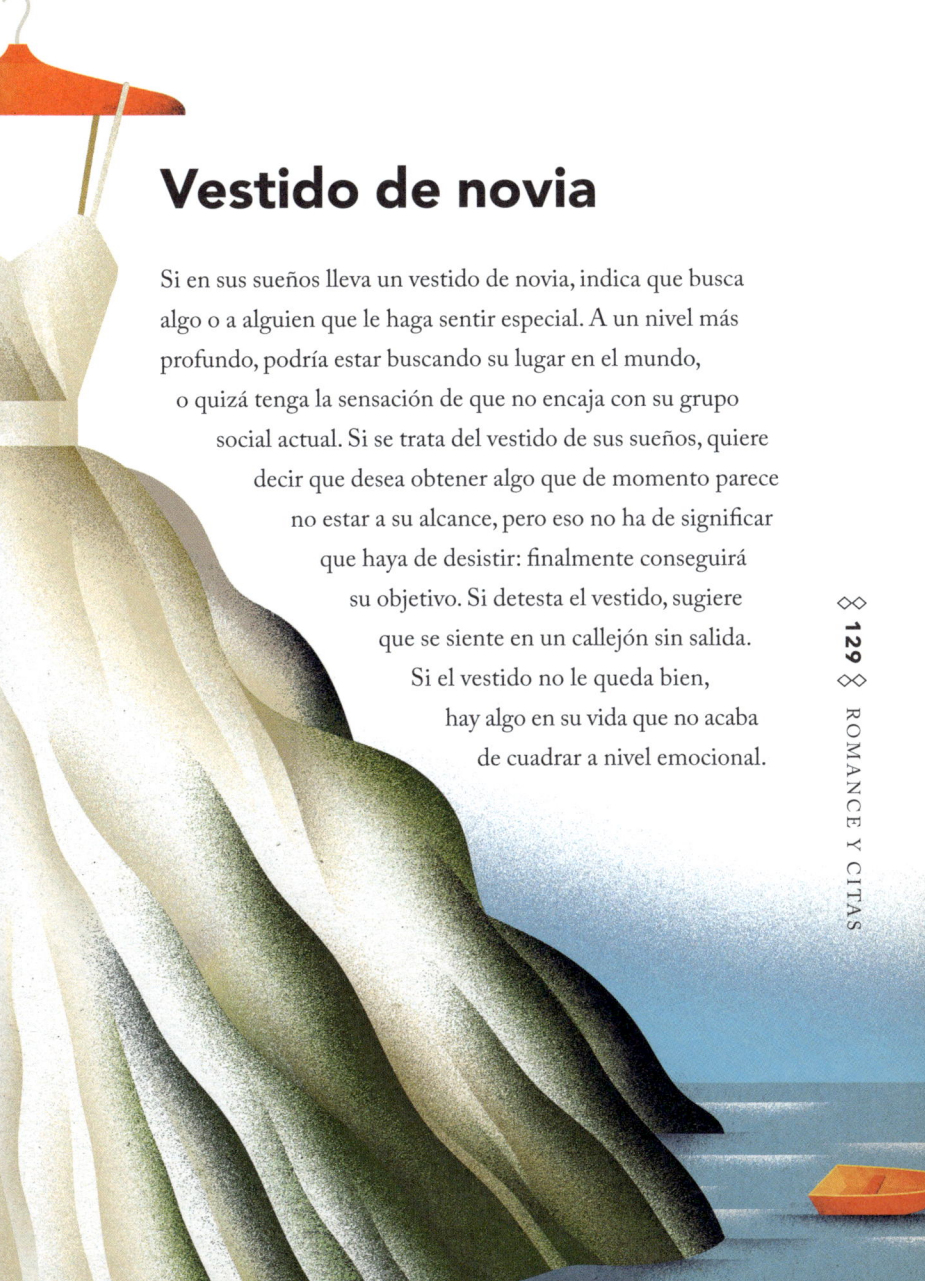

Vestido de novia

Si en sus sueños lleva un vestido de novia, indica que busca algo o a alguien que le haga sentir especial. A un nivel más profundo, podría estar buscando su lugar en el mundo, o quizá tenga la sensación de que no encaja con su grupo social actual. Si se trata del vestido de sus sueños, quiere decir que desea obtener algo que de momento parece no estar a su alcance, pero eso no ha de significar que haya de desistir: finalmente conseguirá su objetivo. Si detesta el vestido, sugiere que se siente en un callejón sin salida. Si el vestido no le queda bien, hay algo en su vida que no acaba de cuadrar a nivel emocional.

Ceremonia

Si en sus sueños participa en una ceremonia nupcial, significa que hay algún aspecto de su vida sobre el que siente que ha de reafirmarse. Por lo general, se trata de una señal positiva y llena de armonía. Se siente satisfecho y con una sensación de control de la situación. Todo se mantiene en equilibrio. Incluso si no ha llegado a esta fase, en breve lo hará, de manera que relájese y disfrute de esta época de paz.

Anillo

El anillo, tanto si es de compromiso como una alianza, es un símbolo de un pacto. Quiere decir: «Estamos juntos, en las buenas y en las malas». En la realidad, este símbolo podría indicar que está a punto de llegar a un acuerdo con alguien, ya sea a nivel personal o profesional. Está a punto de cerrar el trato, pero todavía le falta comprobar algunos detalles. Si el anillo es grande y ostentoso, tenga cuidado, ya que la situación puede no ser lo que parece. Si le encanta, todo irá bien y se sentirá feliz con el resultado. Si se pierde, el acuerdo no estará a la altura de sus expectativas; asegúrese de que tiene un plan alternativo.

Abandonos

Tanto si sueña que le dejan plantado en el altar como que
su pareja decide romper la relación en cualquier otro momento,
el tema subyacente es el del abandono. Es posible que ya se encuentre
decepcionado de alguna manera, o bien está preocupado porque tiene la
sensación de que va a ocurrir. Esto lleva asociado un nivel de vergüenza
o de bochorno, y es posible que sienta que alguien le toma el pelo o
no le muestra respeto. Si es usted quien abandona a alguien, puede
que experimente rechazo por algo de su pareja actual, ya sea una
opinión o un comportamiento con el que no está de acuerdo.

Tarta nupcial

Cortar la tarta nupcial es algo que los recién casados suelen hacer
juntos, es el primer paso de su viaje en la vida matrimonial. Hacerlo
en un sueño significa que está en el camino correcto. Se halla en un
lugar feliz y se siente relajado con el desarrollo de los acontecimientos.
Comerse la tarta indica que, de momento, disfruta de la vida;
pero, si come demasiado o derrama la comida, es una señal
de advertencia para no excederse. Diviértase, pero cuídese usted
también y a las personas que lo rodean.

FAMILIA

◇◇◇

Una familia feliz es un cielo temprano.
GEORGE BERNARD SHAW

Soñar con familiares

Soñar con familiares, o con los amigos, puede ser una experiencia positiva. Para interpretar correctamente el sueño, es necesario tener en cuenta una serie de factores, entre ellos, lo que se hace durante el sueño y los sentimientos que le produce este. Si está en desacuerdo con algún familiar, podría indicar que es preciso que analice su comunicación con los demás y su forma de enfocar los temas. Si disfruta del tiempo que pasa con ellos, significa que en su vida se siente feliz y equilibrado. Si usted y su familia se sienten amenazados, sus sentimientos en la vida real son de protección hacia sus seres más cercanos y queridos.

Cumpleaños y celebraciones

Soñar que es su cumpleaños es una señal positiva. Siente que está en la cima del mundo. Ha conseguido salir de una época de lucha y esfuerzo y está a punto de recibir el reconocimiento que merece. Los deseos más preciados están a punto de hacerse realidad; por fin podrá cosechar los frutos de su trabajo. Se trata, asimismo, del momento perfecto para reinventarse de alguna manera. Cualquier tipo de celebración familiar es un buen augurio y supone nuevas posibilidades en su camino.

Embarazo

Estar en estado significa ser fértil y estar listo para
dar a luz a una nueva vida. En realidad, este sentido de
espera se presenta de muchas formas, desde estar repleto
de nuevas ideas hasta estar a punto de lanzarse a por un
proyecto creativo, o sencillamente disfrutar de la alegría
de vivir y de una sensación de entusiasmo renovada. Podría
estar esperando el principio de algo, o quizá darse cuenta
del potencial con el que cuenta. Si el embarazo va bien,
sus planes alcanzarán el éxito. Si tiene náuseas, es posible
que sufra frustración; quizá desee expresar sus ideas con
rapidez, pero ello no resulta posible. Aguarde el tiempo
preciso y tenga en cuenta que el período de gestación
es fundamental para conseguir un resultado positivo.

Parto

Soñar que se da a luz significa que está entrando en una
nueva etapa. No quiere decir que vaya a tener un hijo,
a menos que ya esté embarazada. Más bien, que está a punto
de lanzar un nuevo proyecto, una idea o poner en marcha
un plan preciado. Será necesario realizar un esfuerzo,
del mismo modo que ocurre en el parto, y al final habrá
merecido la pena. Dar a luz a gemelos o trillizos sugiere
un período de gran creatividad en el que su mente
será un hervidero de ideas. Si su retoño es inesperado,
no tema; también es una buena señal e indica que
en su camino se avecinan diversas sorpresas.

Muerte

A pesar de que soñar con la propia muerte puede resultar inquietante, no es una señal de enfermedad. La muerte se presenta de muchas formas, y más bien significa que se prepara para cerrar una puerta y seguir adelante con un nuevo capítulo en su vida. Se producirá un final de algo, pero este final es esperado y dará lugar a una sensación de satisfacción al poder seguir adelante. Si sueña con la muerte de un ser querido, esto sugiere que hay algo que se ha perdido en la relación entre ambos. Su relación está cambiando o podría significar que se ha producido una distancia física, literalmente hablando, porque, por ejemplo, se ha trasladado a otra ciudad o tiene la idea de hacerlo.

Funeral

Ver un funeral o participar en él es una señal de que intenta enterrar algo. Podría tratarse de un secreto, un miedo o algún tipo de preocupación. También es un símbolo de que sus sentimientos se hallan reprimidos. Debido a que los funerales son, tan a menudo, serios y sombríos, en general sugiere tristeza en todo lo que hace. Observe su vida en el estado de vigilia e intente averiguar qué es lo que le hace sentir tan exhausto. Elabore una lista de todas las cosas que consigan animarle y comprométase a hacer al menos una de las cosas cada día.

Seres queridos fallecidos

En muchas culturas, soñar con aquellos que han fallecido
es una señal espiritual y un modo a través del cual los espíritus
pueden comunicarse con los vivos. Se trata de sueños
increíblemente vívidos, y las emociones que los acompañan
nos pueden influenciar durante días después de haberlos
soñado. La presencia de un ser querido fallecido en nuestro
sueño resulta tremendamente reconfortante y ocurre
a menudo cuando necesitamos consuelo o fuerza en nuestra
vida cotidiana. Si se dirigen a usted y le dicen algo, intente
averiguar lo que significa y cómo se relaciona con su mundo
en estado de vigilia, ya que se trata de un mensaje lleno
de fuerza procedente de su mundo subconsciente.

TRABAJO
Y ESTUDIOS

◇◇◇

Estudia el pasado si quieres pronosticar el futuro.
CONFUCIO

Hacer un examen

Si durante un sueño hemos de pasar un examen significa que en nuestra vida de vigilia tenemos sentimientos parecidos. Es posible que se sienta presionado en el trabajo, o ansioso con respecto a su rendimiento, o que sencillamente alguien le juzgue. También podría ser que esté trabajando para conseguir un objetivo específico, pero que de momento sienta que le falta cierta preparación. Para conseguir realizar una interpretación más profunda, observe las condiciones en las que realiza el examen. Si se siente estresado y tiene problemas, ya sea con la satisfacción personal o con alguna circunstancia física, esto indica una falta de conocimiento y confianza. Quizá necesite invertir cierto esfuerzo adicional para alcanzar sus objetivos profesionales. Si el examen le va bien, entonces estará listo para destacar de alguna manera y mostrar lo mucho que es capaz de conseguir.

Ser entrevistado

Este tipo de sueño ocurre a menudo cuando estamos preparando algún tipo de prueba o evaluación en la vida real. Si no es el caso, entonces, por lo general, es una señal positiva. Se han valorado sus esfuerzos y pronto podrá cosechar las recompensas. Aunque las entrevistas pueden resultar estresantes, también simbolizan que se le está dando una oportunidad de sacar el máximo partido a su talento para que consiga destacar. Se avecinan cambios profesionales, los cuales le otorgarán el tan ansiado éxito.

Hacer una presentación

Hablar en público es un escenario onírico muy común y, en general, indica que uno tiene la necesidad de revelar algo. Quizá tenga problemas al expresar sus necesidades, en el trabajo o en su vida personal. Si durante el sueño se siente nervioso, podría tener miedo de la opinión que tienen sobre usted sus compañeros y colegas de profesión, y esto le hace contenerse en cierta manera. Esforzarse por encontrar las palabras correctas indica una necesidad de defenderse y canalizar una situación que le preocupa. Tómese su tiempo y anote lo que quiere decir de forma que esté bien preparado. Si la presentación es un éxito, le indica que está en una buena posición y es capaz de comunicarse con eficacia, así que saque el máximo partido de ello y utilice su capacidad de persuasión para pedir un aumento de sueldo o una promoción.

Llegar tarde al trabajo

En este sueño subyace un sentimiento de frustración. Desea estar en un lugar en el que no está y, a pesar de todos los esfuerzos que realiza, no es capaz de llegar. Ya sea que esté en un atasco de tráfico, o sencillamente que no sea capaz de encontrar su despacho, este sueño sugiere que tiene la sensación de que se está perdiendo algo. Tiene la percepción de que el tiempo se acaba en relación con un determinado sueño u objetivo, pero esto es solamente su apreciación.

Empezar un nuevo trabajo

El primer día en un nuevo trabajo puede resultar abrumador,
y si esta situación surge en sus sueños, quiere decir que está
haciendo frente a un nuevo desafío. Sabe que no puede evitarlo,
pero no puede quitarse este pensamiento de su mente. En ocasiones,
este sueño puede significar que tiene la sensación de ser, en alguna
medida, un extraño, el nuevo de un equipo en el que todo el mundo
se conoce. En este sueño hay implícita cierta vulnerabilidad,
acompañada, al mismo tiempo, de esperanza. No sabe lo que
se halla justo a la vuelta de la esquina, de manera que deje de sufrir
por lo que viene, abrácelo y mire con optimismo hacia el futuro.

Promocionar

Cuando aparece este tipo de sueño es una señal de que
la abundancia está en camino. Vendrán cosas buenas,
sobre todo en cuanto a trabajo y objetivos muy ansiados.
Es posible que tenga la sensación de que merece una promoción
o un reconocimiento por su labor. Pero si no ocurre en estos
momentos, seguro que le sucederá en breve. Este sueño
también sugiere que ha asumido más responsabilidad,
personal o profesionalmente. Es posible que tenga la sensación
de que no tiene opción, pero su deseo de ayudar ha hecho
que consiga muchos puntos que marcarán la diferencia
en el futuro.

Obtener un aumento
de sueldo

La diferencia entre soñar con una promoción y con un
aumento de sueldo es que este último hace referencia
fundamentalmente al dinero y la seguridad, mientras que
el primero se relaciona con el estatus y las aspiraciones.
Soñar que mejora su cuenta corriente sugiere que los temas
financieros están, en su mente, ocupando los primeros puestos.
Es posible que esté preocupado por el dinero y tenga la sensación
de que necesita mejorar sus ingresos. Este sueño también puede
significar que busca introducir cierta seguridad en su vida,
en cuyo caso se trata de una señal positiva. Está a punto
de iniciar una época estable y próspera.

Ser el jefe

Si ya tiene un cargo directivo y sueña con ello, es una
señal de que necesita dar un paso más y convertirse en líder.
¡Es una llamada a la acción! Si usted no es el jefe, pero sueña
que lo es, indica una necesidad de asumir las riendas. Tiene
la capacidad de crear el futuro: visualice lo que desea, dónde
quiere que suceda y dé los pasos precisos que le lleven allí. Valore
también cómo se ha sentido durante el sueño. Si ser el jefe
le ha hecho sentir bien, supone que está preparado para asumir
más responsabilidades en su trabajo. Si le ha costado mantener
la disciplina entre sus compañeros y tomar las decisiones
correctas, es posible que necesite mejorar su autoestima.

Cuestiones laborales

Si empieza a soñar con problemas o cuestiones laborales, hay una
explicación sencilla: tiene demasiado trabajo y se siente exhausto.
Es posible que esté obsesionado con respecto a un proyecto
en concreto, o bien que se concentre más en los errores que
ha cometido en lugar de reconocer las cualidades más positivas.
En ocasiones, este tipo de sueño indica que se avecinan épocas
de sobrecarga laboral, en las que deberá intensificar su esfuerzo
y gestionar asuntos complicados. En cualquier caso, el trabajo
está dentro de sus prioridades. Analice lo que puede hacer
en su vida de vigilia para relajarse y encontrar un poco
de tranquilidad al final de su jornada laboral.

Compañeros

Soñar con uno o varios de sus compañeros de trabajo
oculta cuestiones laborales que debería resolver. Es posible
que se relacionen con las personas que aparecen en su sueño,
o no. Pero el trabajo definitivamente ocupa una parte importante
de su mente, incluso si intenta que no sea así. Este tipo de sueño
también hace referencia a las relaciones con sus compañeros.
Si sus sentimientos son de enfado o resentimiento, durante
el sueño estos emergerán a la superficie, del mismo modo
que lo harán otras emociones más positivas. El sueño también
puede indicar que necesita trabajar en equipo para conseguir
los resultados que espera, en lugar de hacerlo en solitario.

Acontecimientos laborales

Verse a sí mismo en un evento social con los compañeros
de trabajo significa que se siente bien con sus colegas.
Le han aceptado en el grupo y disfruta trabajando con ellos,
así como compartir ideas en el equipo. Es un buen lugar para
usted y, en esta posición, conseguirá prosperar. Si está a punto
de empezar en un nuevo empleo, sugiere que todo irá bien.
Encajará bien en el equipo y disfrutará trabajando con él.
Se avecinan nuevos proyectos y, a través de sus amigos, podría
conocer a alguien que ejercerá una influencia importante sobre
usted. ¡Mantenga su mente abierta y lista para aprovechar
cualquier oportunidad que se cruce en su camino!

Perder el empleo

Soñar que se ha perdido el empleo es una señal de que siente ansiedad en algún ámbito de su vida. No necesariamente ha de estar relacionado con el trabajo; podría también sentirse inseguro en una relación o estar preocupado por sus ingresos. La forma de perder el empleo también tiene su importancia. Si lo despiden, sugiere que se siente distante de alguien y sus sentimientos con respecto a ello son de enfado. El cese implica algún tipo de rechazo. Quizá sienta que se descartan sus ideas y opiniones, o que se le exige demasiado.

Dificultades para encontrar un empleo

Si en sus sueños se ve a sí mismo haciendo un gran esfuerzo para encontrar un trabajo, esto tiene relación con su identidad personal, con la forma en que se ve y se valora a sí mismo —es posible que crea que no merece algo—; al buscarlo, continuamente le surgen contratiempos. La lucha podría también ser interna: combate ciertas emociones y pensamientos negativos. Este sueño sugiere que necesita cambiar de perspectiva y concentrarse en los aspectos positivos de su vida.

Volver a un antiguo empleo

Si sueña que vuelve atrás en el tiempo a un empleo anterior, implica que necesita mirar al pasado para seguir hacia delante. Podría repetir un ciclo de comportamiento, o incluso encontrarse en una situación en la que se ha hallado antes. Este sueño sugiere que todavía ha de aprender una lección, y solo lo conseguirá si analiza el pasado. Una interpretación alternativa afirma que existe algo en el pasado que todavía anhela, ya sea un empleo, una amistad o una relación. Es el momento de cortar definitivamente esos lazos y mirar hacia el futuro con optimismo.

Crear una empresa propia

Si se ve a sí mismo como emprendedor, significa que sus planes para el futuro tienen estrella. Está pasando por una fase creativa y se siente inspirado. Si no ha empezado con el nuevo proyecto, lo hará en breve. Prepárese para una época de actividad frenética que le llevará a otros niveles. Este sueño también sugiere una necesidad de seguir un camino en solitario y sobresalir entre la multitud. ¡Es hora de caminar su propio sendero de vida!

Cambiar de vida profesional

Soñar con un cambio de vida profesional puede ser un indicador de cómo se siente en realidad con respecto a su vida actual. En el fondo, es posible que desee hacer algo completamente distinto, y que esto emerja a la luz en sus sueños. Si en su trabajo es feliz y aparece esta idea mientras duerme, el cambio que desea quizá no tenga que ver con el ámbito profesional. Es posible que deba reinventarse a sí mismo de cierta manera; podría ser algo tan sencillo como un maquillaje rejuvenecedor o algo más profundo, algo como replantearse su sistema de creencias, de comportamiento y de actitud. A menudo este sueño surge a raíz del aburrimiento, de manera que observe su situación actual y sea sincero con respecto a cómo se siente. Entonces, analice las cosas que puede hacer para sentirse mejor.

ÚLTIMAS PALABRAS

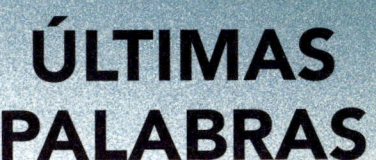

◇◇◇

El futuro pertenece a quienes creen
en la belleza de sus sueños.
ELEANOR ROOSEVELT

Sus sueños son un regalo.
Le proporcionan una visión de cómo
piensa y cómo se siente en realidad, y le ayudan
a procesar los acontecimientos del mundo real.
Le ofrecen inspiración y un lugar para que su
imaginación pueda jugar. Incluso le pueden ayudar
a resolver situaciones difíciles y le proporcionan
un espacio de práctica para los acontecimientos
de la vida real, en un lugar seguro y cómodo.
Los símbolos y las situaciones que se incluyen
en este libro son un punto de partida,
pero la auténtica magia procede del interior
de uno mismo. Siga a su corazón y deje
que los sueños hagan el resto.

ELFOS
EDICIONES

Título original *Dreams. Interpretations,
Hidden Meanings, Symbols*

Edición Sarah Lavelle, Harriet Butt
Diseño Maeve Bargman
Ilustraciones Jesús Sotés Vicente
**Traducción y coordinación de la edición
en lengua española**
Cristina Rodríguez Fischer
Psicóloga clínica, Universitat de Barcelona

Primera edición en lengua española 2020

© 2020 Naturart, S.A. Editado por BLUME
Carrer de les Alberes, 52, 2.º, Vallvidrera
08017 Barcelona
Tel. 93 205 40 00 e-mail: info@blume.net
© 2019 del texto Alison Davies
© 2019 de las ilustraciones Jesús Sotés Vicente
© 2019 Quadrille, Hardie Grant Publishing, Londres

I.S.B.N.: 978-84-18075-12-4

Impreso en China

WWW.BLUME.NET

Este libro se ha impreso sobre papel manufacturado con materia
prima procedente de bosques de gestión responsable. En la producción
de nuestros libros procuramos, con el máximo empeño, cumplir
con los requisitos medioambientales que promueven la conservación
y el uso responsable de los bosques, en especial de los bosques primarios.
Asimismo, en nuestra preocupación por el planeta, intentamos emplear
al máximo materiales reciclados y solicitamos a nuestros proveedores
que usen materiales de manufactura cuya fabricación esté libre
de cloro elemental (ECF) o de metales pesados, entre otros.